Inhalt

Wertorientierung und Unternehmenswert

Kernthesen

Beitrag

Fallbeispiele

Weiterführende Literatur

Impressum

Wertorientierung und Unternehmenswert

G.Dengl

Kernthesen

- Eine Baisse verschärft die Konkurrenz um das Kapital der Anleger. Auch deshalb gewinnt in den Unternehmen das Paradigma des Shareholder Value bzw. die Wertorientierung wieder an Bedeutung.
- Wertorientierung bedeutet die konsequente Ausrichtung aller Unternehmensaktivitäten auf eine Steigerung des Marktwertes des Unternehmens.
- Verschiedene Verfahren finden intern zur Steuerung der Mehrwert-Generierung und extern zur daraus folgenden Berechnung des Unternehmenswertes Verwendung.
- Das jeweilige gewählte Verfahren ist dabei

weniger wichtig als die subjektiven Zukunftserwartungen desjenigen, der das Verfahren anwendet.
- Das Value Reporting als relativ junge Form der Kommunikationspolitik der Unternehmen verbindet einerseits die Bedürfnisse des Management nach Steuerungsinformation sowie andererseits die Bedürfnisse der Anleger nach mehr Transparenz über die Entwicklung ihres eingesetzten Kapitals.

Beitrag

Ursprung und Entwicklung des Paradigmas der Wertorientierung

Vor dem Hintergrund der zunehmenden Konkurrenz um das Kapital sowie der Schwierigkeiten, eine bis vor kurzem als selbstverständlich empfundene angemessene Verzinsung auf das eingesetzte Kapital zu erzielen, gewinnen Ansätze der wertorientierten Unternehmenssteuerung (engl.: Value Based Management - VBM) in allen Branchen zunehmend an Bedeutung. Auch der 56. Deutsche Betriebswirtschafter-Tag stand mit dem Thema "zukunftsorientierte Unternehmensbewertung" ganz im Zeichen der Wertorientierung. (14), (15)

Unter diesem häufig verwendeten Schlagwort ist die Ausrichtung der Unternehmensführung am Marktwert - noch genauer: am Shareholder Value - zu verstehen, um letztlich das von den Eigentümern zur Verfügung gestellte Kapital mit einer angemessenen Rendite zu bedienen. Daneben werden aber auch andere Anspruchsgruppen an das Unternehmen berücksichtigt; dazu zählen neben den Kunden u. a. die Mitarbeiter, Lieferanten, Vermittler, etc. (13) Eingeführt wurde das Verfahren in Alfred Rappaports Buch "Creating Shareholder Value" aus dem Jahr 1986. (19)

Der geschaffene Wert soll darüber hinaus nachhaltig sein. (4) Die Forderung nach Nachhaltigkeit ist hierbei auch als Ausdruck der Enttäuschung zu sehen, die die Kurzlebigkeit von Unternehmen, Ideen und Gewinnen der New Economy hervorbrachte. (8) Diese Forderung taucht derzeit in verschiedenen Fragestellungen rund um die Unternehmensbewertung auf, so beispielsweise auch bei der Neuregelung der Goodwill-Abschreibung, wo jetzt ein regelmäßiger Test auf Nachhaltigkeit gefordert wird. (2)

Was bewirkt die Wertorientierung?

Die Kapitalkosten eines Unternehmens (für Fremdkapital sind das die Zinsen, für Eigenkapital die Opportunitätskosten einer Alternativverwendung) nehmen in den Überlegungen zur wertorientierten Unternehmensführung eine zentrale Rolle ein. (10) Der geschaffene Mehrwert muss letztlich diese Kosten übersteigen, damit sich aus Sicht der Anleger, die Investition gelohnt hat. Die Rendite muss darüber hinaus in einem angemessenen Verhältnis zum eingegangenen Risiko stehen, d. h., die berechneten Kapitalkosten (engl.: Cost of Capital) müssen auch das eingegangene Geschäftsrisiko mit berücksichtigen. (11)

Der Mehrwert ist deshalb die wichtigste Kennzahl, die für jede Betrachtungsperiode zu ermitteln ist. Um sie zu berechnen muss unternehmensintern ein Kennzahlensystem implementiert werden, das eine gezielte Steuerung hin auf die Schaffung von Mehrwert erlaubt. Unternehmensextern muss dieser Mehrwert so kommuniziert werden, dass an die Investoren entsprechende Signale gesendet werden.

Die Funktionen wertorientierter Kennzahlen

Wertorientierte Kennzahlen und Kennzahl-Hierarchien (z. B. Balanced Scorecard, Economic Value Added) haben grundsätzlich zwei Funktionen:

1.) Intern dienen sie der Steuerung des Unternehmens. Dabei werden auf allen Ebenen und in allen Bereichen des Unternehmens Kennzahlen vorgegeben und Zielwerte vereinbart, die innerhalb einer bestimmten Periode erreicht werden sollen. Über diesen Steuerungsmechanismus kann die Effizienz einzelner Bereiche genauso gemessen werden, wie die einzelner Personen. Diese Vorgehensweise erlaubt weiterhin nicht nur ineffiziente Bereiche zu identifizieren, sondern auch solche, die nicht zu den Kernkompentenzen des Unternehmens gehören, und somit den Unternehmenswert nicht steigern. Diese sind im Hinblick auf eine Wertsteigerung konsequenterweise abzustoßen.

2.) Hat man intern alle wichtigen Kennzahlen erhoben, so können sie in aggregierter Weise publiziert werden. Die interessierte Öffentlichkeit, dazu zählen vor allem die Kapitalgeber können sich so ein viel besseres Bild von dem gegenwärtigen und zukünftigen Wert "ihres" Unternehmens machen. (Siehe auch TRENDS: Value Reporting)

Aktuelle Verfahren zur internen Steuerung

Bei der internen Umsetzung der wertorientierten Unternehmensführung greift man auf bereits bekannte und etablierte Konzepte zurück. Dazu zählen z. B.:
- Profit Center
- Balanced Scorecard (BSC)
- Performance Measurement (3)
- Economic Value Added (EVA) (1)

Bei der Auswahl des jeweiligen Verfahrens orientiert man sich idealerweise an den spezifischen Gegebenheiten im Unternehmen. Es sind hierbei die Fragen zu beantworten, was die Hauptwerttreiber sind, wie sie miteinander verknüpft sind und wie sie gemessen werden können. Allen Verfahren gemein ist, Kennzahlen auf allen Ebenen der Wertschöpfung zu ermitteln und sie nach oben hin zu aggregieren. Dadurch entstehen sogenannte Kennzahl-Hierarchien.

Aktuelle Verfahren zur externen Unternehmenswertberechung

Aus der Anwendung der oben genannten Verfahren kommt man intern zu Kennzahlen auf allen Unternehmensebenen. Diese werden für jede Betrachtungsperiode ermittelt und in aggregierter Form nach außen hin kommuniziert. Sie werden dann mit den klassischen Instrumenten der Unternehmensbewertung weiterverarbeitet. Die gängigsten sind:
- Ertragswert-Methode (1)
- Discounted Cashflow-Methoden (DCF) (1)
- Economic Value Added (EVA) (13), (5)
- Multiplikatoren-Modelle (2)
- Realoptionsansatz (2)

Darunter fanden bisher die DCF-Verfahren die weiteste Verbreitung, während Multiplikatoren-Modelle (Mulitples) zunehmend an Bedeutung gewinnen. (1)
Die EVA stellt unter diesen Methoden eine Besonderheit dar, da sie sowohl zur internen Steuerung als auch zur externen Unternehmenswertberechnung im Rahmen des Value Reporting verwendet wird. Sie verbindet damit die beiden Ziele der wertorientierten Unternehmensführung in vorteilhafter Weise. (5)

Wie wichtig ist das Verfahren für das Endergebnis?

Übereinstimmend finden jedoch sowohl Praktiker wie Theoretiker, dass es weniger auf das einzelne Verfahren ankommt, als auf die Zukunftserwartungen desjenigen, der die Berechnung durchführt. Denn theoretisch sollten alle Verfahren im Wesentlichen zum selben Ergebnis führen. (9), (4), (1)

Für die persönlichen Zukunftserwartungen gilt, war für alle Prognosen gilt:

1.) Die Projektion in die Zukunft kann keine unvorhersehbare Ereignisse berücksichtigen.

2.) Eine Prognose ist dennoch umso verlässlicher, je mehr Vergangenheitsdaten vorliegen. Wenn dies, wie bei grundsätzlich allen Unternehmen der New Economy nicht der Fall ist, dann muss man auf andere Indikatoren oder Prognoseverfahren zurückgreifen. Die Erfahrung hat allerdings gezeigt, dass auch noch so ausgefeilte Methoden in diesem neuen Umfeld keine vertrauenswürdigen Ergebnisse liefern. (16) Dies kann sich in Zukunft, vor dem Hintergrund einer generellen Verunsicherung an den Kapitalmärkten, noch schwerer auswirken. (18)

Fallbeispiele

1.) Balanced Scorecard ins Value Reporting integriert

Das Grundproblem moderner Unternehmen ist nach wie vor nicht die Informationsarmut, sondern dass gerade die wichtigen, die entscheidungsrelevanten Informationen fehlen oder kaum zu identifizieren sind. Zur Unternehmenssteuerung relevante Informationen können aber z. B. nach dem Prinzip der Balanced Scorecard identifiziert und gesammelt werden. Diese Nutzungsart der Balanced Scorecard bietet darüber hinaus die Möglichkeit, ein Risiko-Früherkennungssystem aufzubauen, das die Erfordernisse aus dem KonTraG mitberücksichtigt. Wenn diese Informationen zusätzlich in aggregierter Form auch der Öffentlichkeit zugänglich gemacht werden, dann ist damit auch die Forderung nach dem Value Reporting erfüllt. (6)

2.) Wie die SAP und die Deutsche Bank zum Shareholder-Value-Konzept stehen

Verschiedene deutsche Großunternehmen, die seit geraumer Zeit wertorientierte Ansätze im Unternehmensalltag verwirklichen, stehen der Shareholder-Value-Orientierung nicht vorbehaltlos positiv gegenüber. (17), (15)

3.) Wertorientierte Steuerung bei Versicherungsunternehmen

Nachdem Versicherungsunternehmen über längere Zeit ihre Ergebnisse durch satte Anlagegewinne schönen konnten, müssen sie zukünftig wohl wieder mehr im Kerngeschäft tätig werden, um den Investoren eine angemessene Verzinsung für ihr eingesetztes Kapital zu bringen. Ein wertorientierte Steuerung mittels EVA, aufsetzend auf eine Profit-

Center-Struktur, stellt dabei einen gangbaren Weg dar. (11)

4.) Die Affäre um die Entsorgung der Shell-Platform Brent

Spar hat in der Vergangenheit eindrucksvoll demonstriert, dass Negativ-Publicity sehr wohl ökonomische Folgen haben kann. Shell hat sich daher entschieden in eine "Transparenz-Offenisve" zu gehen. Mit den "Statements of General Business Principles" hat sich Shell als ein früher Vorreiter bereits 1997 dazu verpflichtet, die Stakeholder umfassender zu informieren. Dazu zählen zum einen Informationen über die wirtschaftliche Performance, zum anderen aber auch Daten über die Wahrnehmung sozialer und ökologischer Verantwortung. (7)

Weiterführende Literatur

(1) Aktuelle Fragen der Unternehmensbewertung in Deutschland
aus Der Schweizer Treuhänder, Heft 9/2002, S. 745-750

(2) Was ist ein Unternehmen wert ?
aus Frankfurter Allgemeine Zeitung, 16.09.2002, Nr. 215, S. 24

(3) Wertorientierte Unternehmensführung in der Praxis
aus Der Schweizer Treuhänder, Heft 9/2002, S. 787-792

(4) 25 Grundsätze für die Unternehmensbewertung
aus Der Schweizer Treuhänder, Heft 9/2002, S. 735-744

(5) Unternehmensbewertung auf Basis EVA
aus Der Schweizer Treuhänder, Heft 9/2002, S. 765-770

(6) Richtig steuern und führen
aus Frankfurter Allgemeine Zeitung, 14.10.2002, Nr. 238, S. 26

(7) Saitz, B. / Wolbert, J., Value Reporting / Einstieg in eine neue Dimension der kapitalmarktorientierten Unternehmensberichterstattung, Controlling, Heft 6, Juni 2002, S. 321
aus Frankfurter Allgemeine Zeitung, 14.10.2002, Nr. 238, S. 26

(8) Savic, A. / Kretschmer, R., Nachhaltigkeit wird immer wichtiger / Veränderte Rahmenbedingungen begünstigen Wachstum / Banken sind gefordert, Finanz und Wirtschaft, 17.08.2002, S. 26: SONDERTHEMA
aus Frankfurter Allgemeine Zeitung, 14.10.2002, Nr. 238, S. 26

(9) Die Kluft zwischen Unternehmenswert und Unternehmensbewertung
aus Der Schweizer Treuhänder, Heft 9/2002, S. 731-733

(10) Kapitalkosten und Unternehmenswert
aus Der Schweizer Treuhänder, Heft 9/2002, S. 751-758

(11) Wertorientierte Steuerung bei Versicherungen
aus Betriebswirtschaftliche Blätter, Oktober 2002, Nr. 10, S. 487

(12) Mutius, B. von, Wertebalancierte Unternehmensführung, Harvard Business Manager, 19.07.2002, Nr. 5, Seite 9
aus Betriebswirtschaftliche Blätter, Oktober 2002, Nr. 10, S. 487

(13) Erfolg durch ganzheitliches Vorgehen
aus Versicherungswirtschaft, 15.8.2002, 57.Jg., Nr. 16, S. 1243

(14) An der Börsenkapitalisierung kommt keiner vorbei 56. Deutscher Betriebswirtschafter-Tag in Frankfurt zum Thema "Bewertung von Unternehmen"
aus Börsen-Zeitung, 24.09.2002, Nummer 184, Seite 1

(15) Auf der Suche nach dem richtigen Unternehmenswert
aus Frankfurter Allgemeine Zeitung, 30.09.2002, Nr. 227, S. 23

(16) Aufwendige Methoden schützen nicht vor

Fehlbewertungen
aus Frankfurter Allgemeine Zeitung, 30.09.2002, Nr. 227, S. 23

(17) "Für ein Technologieunternehmen ist der Börsenwert das Aushängeschild" Kagermann: Entscheidend sind letztlich die Maßstäbe der Praxis
aus Börsen-Zeitung, 24.09.2002, Nummer 184, Seite 11

(18) Tausendundeine Bewertungsmethode
Aktienanlage als Kunst des Wellenreitens
aus Neue Zürcher Zeitung, 09.09.2002, Nr. 208, S. 24

(19) Wertorientierung bleibt Börsig: Qualität der Erträge gewinnt an Bedeutung
aus Börsen-Zeitung, 24.09.2002, Nummer 184, Seite 11

Impressum

Wertorientierung und Unternehmenswert

Bibliografische Information der deutschen Nationalbibliothek

Die Deutsche Nationalbibliothek verzeichnet diese Publikation in der deutschen Nationalbibliografie; detaillierte bibliografische Daten sind im Internet über http://dnb.d-nb.de abrufbar.

ISBN: 978-3-7379-1562-5

© 2015 GBI-Genios Deutsche Wirtschaftsdatenbank GmbH, Freischützstraße 96, 81927 München, www.genios.de

Alle Rechte vorbehalten. Dieses Werk ist einschließlich aller seiner Teile – z.B. Texte, Tabellen und Grafiken - urheberrechtlich geschützt. Jede Verwertung außerhalb der Grenzen des Urheberrechtsgesetzes bedarf der vorherigen Zustimmung des Verlags. Dies gilt insbesondere auch für auszugsweise Nachdrucke, fotomechanische Vervielfältigungen (Fotokopie/Mikroskopie), Übersetzungen, Auswertungen durch Datenbanken oder ähnliche Einrichtungen und die Einspeicherung und Verarbeitung in elektronischen Systemen.